Jacqueline Sainclivier

La Résistance en France

ouest
france

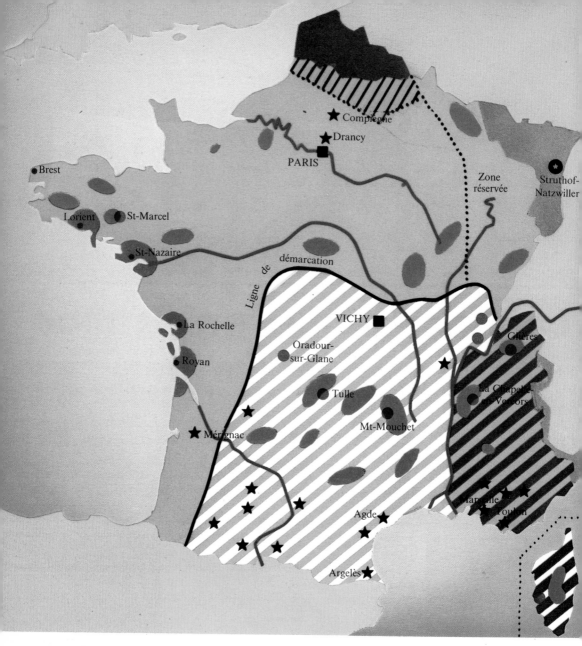

La France sous l'occupation

Territoire rattaché à l'autorité militaire allemande de Bruxelles.

Zone « libre » occupée à partir du 11 novembre 42.

Zone interdite.

Territoire annexé par l'Allemagne.

Zone occupée par les Italiens de juin 40 à septembre 43.

Zone « libre » occupée par les Italiens en novembre 42 puis par les Allemands en octobre 43

Territoire occupé par les Italiens en novembre 42, libéré en octobre 43.

Maquis

Poches de l'Atlantique réduites par les F.F.I.

● Camp de concentration

★ Camp d'internement et de transit

● Combats ou représailles allemandes

La seconde guerre mondiale débuta le 1er septembre 1939, quand les troupes de l'Allemagne (gouvernée alors par les nazis) envahirent la Pologne, alliée de la France et du Royaume-Uni. La Pologne fut rapidement vaincue (fin septembre 1939). Dès lors, le nouveau front se situait sur la frontière orientale de la France ; le 10 mai 1940, les forces allemandes lancèrent une grande offensive en direction des Pays-Bas, de la Belgique et de la France ; à la « **drôle de guerre** » succédait la « **guerre-éclair** » : blindés et avions de chasse réalisèrent la percée du front.

Entre le 10 mai et la fin de juin 1940, la France était envahie, la population civile française fuyait sur les routes à pied, par le train ou en voiture (plus rarement) vers le sud ou vers la Bretagne. Cet **exode** était rendu d'autant plus dramatique que les convois de réfugiés étaient souvent bombardés par la *Luftwaffe** (aviation allemande). Le ravitaillement de ces millions de réfugiés posait des problèmes de logement, de ravitaillement quasi insurmontables pour les villes traversées. Désemparée, démunie, la population civile française, en six semaines, vit s'effondrer tout son système politique alors qu'elle vivait encore dans l'illusion créée par la victoire de 1918. Réfugié à Bordeaux, le gouvernement était divisé entre partisans et adversaires de la poursuite du combat ; le 17 juin, un nouveau président du Conseil fut désigné : le **maréchal Pétain**, vainqueur de Verdun. Celui-ci demanda l'armistice ; à cette date, la France du Nord était presque totalement occupée ; plusieurs centaines de milliers de soldats étaient prisonniers.

Les 17 et 18 juin 1940, **plusieurs appels à la poursuite du combat** furent diffusés, dont ceux du général Cochet, de Charles Tillon et du général de Gaulle.

Le général Cochet invitait ses troupes à poursuivre le combat y compris dans la clandestinité. Charles Tillon (membre du comité central du PCF mais agissant seul) s'adressa à l'ensemble des travailleurs et du peuple français pour continuer la lutte par tous les moyens.

Le 18 juin 1940, le général **Charles de Gaulle**, sous-secrétaire d'État à la Guerre dans le précédent gouvernement (dirigé par Paul Reynaud), arrivé la veille à Londres, lançait un appel à la BBC, la radio anglaise. Postérieurement, cet appel est devenu l'acte fondateur de la **Résistance**, puisque ce fut autour de lui que peu à peu les différentes composantes de la Résistance se regroupèrent avant d'opérer sous sa direction la libération du territoire.

A la fin de juin 1940, les conditions de l'armistice furent connues. Parmi celles-ci, on peut retenir : la division de la France en **deux zones** (une zone occupée et une zone non occupée) et le fait que tout acte de Résistance est considéré comme acte de franc-tireur passible de la peine de mort.

De France occupée, certains cherchèrent à s'évader soit par mer (par les côtes bretonnes), soit par terre (franchissement de la **ligne de démarcation** entre la zone occupée et la zone non occupée), soit plus rarement, et pour cause, par les airs !

Les évasions par mer eurent généralement lieu à partir des côtes bretonnes vers l'Angleterre, tels les hommes de l'île de Sein (environ cent cinquante) partis sur leurs bateaux de pêche vers l'Angleterre, ce qui fit dire à de Gaulle, passant en revue les troupes de la France Libre le 14 juillet 1940 à Londres : « *Voici donc le quart de la France* ».

Enfin des évasions spectaculaires, mais évidemment plus rares, eurent lieu par les airs. Ainsi, Halna du Fretay, officier aviateur, s'envola de sa propriété en Bretagne dans un petit avion et gagna l'Angleterre où il s'engagea dans la France Libre.

	LES TEMPS FORTS DE LA RÉSISTANCE EN FRANCE	AUTRES ÉVÉNEMENTS
		3 septembre 39 : Entrée en guerre de la France et du Royaume-Uni
1940		
	18 juin 40 : Appel du général de Gaulle	17 juin 40 : Le maréchal Pétain demande l'armistice
		22 juin 40 : Signature de l'armistice France-Allemagne
	été 40 : Naissance du groupe du « Musée de l'Homme »	10 juillet 40 : Pétain devient chef de l'Etat avec les pleins pouvoirs
	11 novembre 40 : Manifestation d'étudiants à l'Arc de Triomphe	3 octobre 40 : Le régime de Vichy promulgue le « statut des juifs »
1941		
	Mai-juin 41 : Grève des mineurs du Pas-de-Calais	22 juin 41 : Invasion de l'U.R.S.S. par la Wehrmacht
	Août 41 : Attentat par des résistants communistes contre un officier allemand à Paris	Juillet 41 : Création de la L.V.F. contre le bolchevisme
	29 août 1941 : Exécution d'Honoré d'Estienne d'Orves	
	Octobre 41 : Création du B.C.R.A.M. (qui devient le B.C.R.A. en 42)	
1942		
	Janvier 42 : Parachutage de Jean Moulin	
		16-17 juillet 42 : Rafle du Vel' d'Hiv'
		8 novembre 42 : Débarquement allié en Afrique du Nord
		11 novembre 42 : Occupation de la zone Sud
1943		
		Janvier 43 : Création de la Milice française
		Février 43 : Victoire soviétique à Stalingrad Début du S.T.O.
	27 mai 43 : Première réunion du Conseil National de la Résistance (C.N.R.)	
	Septembre-octobre 43 : Soulèvement et libération de la Corse	Septembre 43 : Armistice entre l'Italie et les Alliés
1944		
	Février 44 : Création des Forces françaises de l'intérieur (F.F.I.)	
	Février-mars 44 : Attaque contre le maquis des Glières	
	18 juin 44 : Attaque contre le maquis de Saint-Marcel	6 juin 44 : Débarquement allié en Normandie
	Juillet 44 : Attaque contre le maquis du Vercors	31 juillet 44 : Percée d'Avranches
	25 août 44 : Libération de Paris	15 août 44 : Débarquement allié en Provence
1945		
	8 mai 45 : Capitulation allemande	

L'été 1940, la France était divisée en deux grandes zones tandis que l'Alsace et la Lorraine étaient annexées par l'Allemagne nazie. Depuis le 10 juillet 1940, la IIIᵉ République avait disparu et avait été remplacée par un État français dirigé par le **maréchal Pétain** et dont la capitale était **Vichy**, en zone non occupée.

Dès juillet, des actes de refus de l'occupant et du nouveau régime eurent lieu. Des affiches allemandes étaient régulièrement lacérées ; au cinéma, les actualités sous contrôle allemand étaient sifflées et huées, si bien que désormais elles furent présentées non plus dans l'obscurité, mais avec la salle semi-éclairée. Quelques **sabotages** furent effectués : sectionnement de câbles téléphoniques, détériorations de wagons. Quand les auteurs de ces sabotages étaient découverts, ils étaient jugés par un tribunal militaire allemand, condamnés à des peines de prison ou fusillés, tel Marcel Brossier fusillé à Rennes le 17 septembre 1940. Les villes où se produisaient ces sabotages avaient des amendes à payer, souvent les cinémas étaient fermés pour quelques jours.

Rares furent les autorités civiles à manifester ouvertement leur opposition à l'occupation. Ce fut le cas de **Jean Moulin**, préfet d'Eure-et-Loir. Le 17 juin 1940, deux officiers allemands lui demandèrent de signer un texte attribuant des méfaits sanglants à des tirailleurs sénégalais ; devant son refus, il fut arrêté, brutalisé. Craignant le lendemain de céder, il se trancha la gorge. Les Allemands le découvrirent, l'hospitalisèrent et ne purent cacher à la population la conduite héroïque de son préfet, futur dirigeant de la Résistance.

Les premiers gestes d'opposition étaient donc des actes individuels, mais une fois passés la période de désarroi, des manifestations collectives apparurent, telle la manifestation du **11 novembre 1940** à Paris, anniversaire de la victoire sur l'Allemagne en 1918, date symbolique s'il en est.

Le régime de Vichy limita, voire interdit dans toute la France les commémorations publiques ce jour-là. À Paris, la préfecture de police publia un communiqué : « *Les administrations publiques et les entreprises privées travailleront normalement le 11 novembre à Paris et dans le département de la Seine. Les cérémonies commémoratives n'auront pas lieu. Aucune démonstration publique ne sera tolérée* ».

Malgré ces consignes, le 11 novembre 1940 eut lieu une importante manifestation de lycéens et d'étudiants de Paris. Qui l'avait organisée ? Sur ce point les avis sont partagés ; pour les uns, cette manifestation était spontanée et sans doute quelque peu influencée par un appel de la radio de Londres ; d'autres moins nombreux considèrent que les étudiants communistes en étaient à l'origine. Quoi qu'il en soit, cette manifestation d'étudiants et de lycéens se produisit vers 17 heures à proximité de l'Arc de Triomphe. Très vite les Allemands intervinrent et les premiers coups de feu claquèrent, blessant des manifestants. Cent vingt-trois manifestants (dont quatre-vingt-dix lycéens et quatorze étudiants) furent arrêtés ; malgré un silence officiel de quatre jours, la nouvelle s'était répandue très vite, d'autant que les autorités avaient fait fermer l'Université de Paris et les grands établissements d'enseignement de la capitale.

Ces actes témoignaient d'un état d'esprit de colère, de refus d'accepter passivement l'occupation.

En haut : le général de Gaulle, au micro de la B.B.C. à Londres (Photothèque du secrétariat aux Anciens combattants. « La Savoie dans la Résistance », Charles Rickard).

En bas : A Dijon, le concert donné par la musique militaire allemande semble ignoré des habitants (Photo J.H. Breuil dans « La Bourgogne dans la deuxième guerre mondiale », Jacques Canaud, Jean-François Bazin, Editions Ouest-France).

Après les actes spontanés, apparurent **des groupes formés par affinités** qui cherchaient à agir et n'en étaient pas encore à appliquer des règles de prudence.

Certains groupes se constituèrent sur le lieu de travail tel le groupe du Musée de l'Homme à Paris qui est né pendant l'été 40 ; parmi ses membres, des ethnologues comme Boris Vildé, Paul Rivet, Germaine Tillion, etc. Ils aidèrent d'abord les prisonniers de guerre évadés, leur firent passer la ligne de démarcation ; puis ils entrèrent en contact avec la France Libre et fournirent des renseignements.

Bien d'autres groupes se formèrent de la même façon. Il existait aussi des initiatives individuelles de propagande comme « *les Conseils à l'occupé* » de Jean Texcier, qui furent à l'origine de véritables réseaux de propagande avant d'élargir leur action au renseignement, mais pour être efficace il fallait trouver le contact avec Londres.

Londres envoya ses premiers agents de **la France Libre** dès l'été 40. Ils débarquaient généralement en Bretagne, comme Jacques Mansion au cap de la Chèvre dans le Finistère dans la seconde quinzaine de juillet. En octobre 1940, ce fut au tour du lieutenant de vaisseau **Honoré d'Estienne d'Orves,** qui créa un important réseau de renseignements en Bretagne et à Paris avant d'être arrêté à Nantes sur trahison le 21 janvier 1941. Jugé par un tribunal militaire allemand de Paris, il sera fusillé le 29 août 1941. A peu près vers la même période, le futur **colonel Rémy** créait la « *Confrérie Notre-Dame* », réseau de renseignements sur les côtes bretonnes et atlantiques avant de s'étendre sur toute la France par la suite.

La zone non occupée n'était pas en reste ; elle ne subissait pas directement l'occupation, aussi la Résistance y fut d'emblée plus marquée par des choix idéologiques tel que le refus de l'antisémitisme, du racisme, comme le souligne Edmond Michelet, résistant catholique. En effet, des catholiques et des protestants se retrouvèrent pour aider les réfugiés et en particulier les juifs étrangers dans des camps : il fallait les faire sortir, leur donner de faux papiers, leur trouver un hébergement, autant d'actes de Résistance. De même dans le cadre de l'Armée d'armistice, des officiers utilisaient officieusement certains services (du moins jusqu'en 1942) comme « couverture » pour des activités de Résistance;d'autres comme le capitaine **Henri Frenay** envisagèrent d'emblée une organisation spécifique hors de l'Armée.

Du côté des syndicats et des partis de gauche, on s'efforçait de renouer les contacts. Parfois ce fut le terrain traditionnel de la revendication qui le permit, comme dans les mines du Nord et du Pas-de-Calais. Déjà pour le 1er mai 1941, les corons avaient sorti des drapeaux tricolores et des drapeaux rouges, mais la plus grande manifestation fut **la grande grève de mai-juin 1941.**

Elle fut déclenchée d'abord dans les mines du Pas-de-Calais, puis dans le Nord à l'initiative du secrétaire fédéral du parti communiste clandestin Auguste Lecœur. Elle commença le 26 mai 1941 comme une grève classique avec son cortège de revendications professionnelles. Malgré l'interdiction de la grève, en quelques jours, plus de cent mille mineurs étaient grévistes. Dès le 3 juin, eurent lieu les premières arrestations. Malgré la répression (quatre-vingt-quatorze internements et deux cent quarante-quatre déportations), cette grève fut un succès : elle renforça l'organisation clandestine des mineurs, démontra qu'il était possible de lutter contre l'occupant, enfin toutes les revendications professionnelles furent satisfaites, si bien que la reprise du travail était décidée le 9 juin 1941. En outre, elle avait porté un coup à la machine de guerre nazie : la perte de production de charbon à cause de ces journées de grève dépassait les 500 000 tonnes.

Ainsi, en moins d'un an, la Résistance s'était organisée.

Le radio du réseau émet vers Londres tandis que son camarade observe la rue, guettant le passage d'une patrouille ou du camion allemand équipé de son repérage radiogonométrique (Missions de Guillain de Bénouville et d'André Devigny. Photothèque du secrétariat aux Anciens combattants. « La Savoie dans la Résistance », Charles Rickard).

Le général de Gaulle créa en juillet 40 **la France Libre**, qui devint le symbole de la Résistance française à l'extérieur du territoire métropolitain. Il s'agissait avec le soutien du gouvernement britannique de rallier les territoires de l'Empire et de constituer une force militaire française indépendante (mais financée par les Alliés britanniques). Cette force militaire fut les **Forces françaises libres (FFL)***. Elle avait une organisation classique ; le deuxième bureau, celui des renseignements, était confié à Dewavrin dit Passy. Très vite, étant donné la particularité du combat à mener, ce service devint essentiel puisqu'il assurait la liaison avec la France occupée, tandis que ses tâches s'élargissaient : renseignements militaires, mais aussi politiques et économiques, rôle de propagande en attendant la préparation de la Libération.

Devant l'ampleur de la tâche, fut créé le Bureau central de renseignements et d'action militaire (octobre 1941) ou BCRAM devenu **BCRA** pendant l'été 1942. Le rôle du BCRA était, entre autres, d'envoyer des hommes, de l'argent, du matériel.

Les hommes envoyés par le BRCA étaient soit des techniciens, opérateurs-radio, essentiels pour les liaisons entre la Résistance intérieure et la Résistance extérieure, soit des hommes chargés de créer un réseau et de prendre contact par exemple avec les groupes déjà existant. Du matériel était également officieusement envoyé : tracts, appareils de radio, machines à écrire, mais aussi de plus en plus à partir de 1942 des armes (revolvers, mitraillettes Sten...), de l'argent, des faux-papiers.

L'action du BCRA a été et est controversée parce qu'il ne pouvait donner son aide à tous et fit des choix parfois contestables soit à cause de son inexpérience, soit pour des raisons politiques, mais il fut irremplaçable. C'est le BCRA en particulier qui permit la création de réseaux de renseignements, d'action, d'évasion.

Jusqu'en 1942, les réseaux étaient essentiellement des réseaux de renseignements. Certes, ils se créèrent dans les deux zones, mais la priorité était accordée aux renseignements sur les installations côtières et aériennes, sur les mouvements des navires de guerre. Parmi les premiers réseaux créés, on peut nommer réseau *Alliance, CND*(Confrérie Notre-Dame).* Le réseau Alliance — relié à *l'Intelligence Service** — se développa d'abord en zone sud sous l'impulsion d'officiers tels que Faye et Loustaunau-Lacau et après leur arrestation par Marie-Madeleine Fourcade (seule femme à diriger une organisation de Résistance au niveau national). Le premier réseau créé de toutes pièces par le BCRA fut la CND qui s'implanta surtout en zone occupée et particulièrement sur les côtes bretonnes et atlantiques.

Ces réseaux furent innombrables (une centaine) ; démantelés par des arrestations après un an, dix-huit mois, ils renaissaient sous d'autres noms quelque temps plus tard. Le « *courrier* » était transmis à Londres soit par la radio, méthode la plus rapide, mais la plus dangereuse à cause de la radiogoniométrie*, soit pour transmettre des plans ou des informations longues par mer, soit par avion. Dans ce cas, les Lysander faisaient un «*pick-up*»sur un terrain de fortune repéré auparavant par les résistants. Globalement, le nombre de ces courriers n'a cessé d'augmenter,tissant une véritable toile d'araignée sur toute la France.

Les renseignements étaient souvent fournis par des résistants travaillant dans des entreprises allemandes ou pour les Allemands, tel Stosskopf à Lorient qui travaillait à la base sous-marine comme ingénieur et qui fournit des renseignements essentiels sur cette base avant d'être arrêté le 21 février 1944 et exécuté le 2 septembre 1944.

A la différence des réseaux, les **mouvements** étaient nés sur le sol français et n'étaient pas dus à une intervention extérieure. A l'origine, un groupe d'hommes et de femmes qui se retrouvaient par affinité et refusaient l'occupation. Ils commençaient généralement par une aide ponctuelle à un prisonnier de guerre évadé, par la confection de tracts, de papillons. Leur existence était précaire.

Si ces mouvements existèrent dans les deux zones, ils y ont eu des caractères différents au moins jusqu'en 1942.

En zone nord, ils se constituèrent très tôt, dès 1940, les embryons des futurs mouvements apparurent. Les mouvements se multiplièrent, mais trois devinrent prédominants : **Défense de la France, Libération-Nord, l'OCM*** (Organisation civile et militaire). Défense de la France était née d'un groupe de jeunes gens, dont Philippe Viannay, qui pendant longtemps crurent dans le mythe d'un Pétain jouant le double jeu. Ce groupe créa un journal du même nom dont le premier numéro paru en 1940 et fut tiré dans les caves de la Sorbonne ; le mouvement s'étendit peu à peu aux deux zones et à la veille de la Libération, le journal clandestin tirait à plus de 100000 exemplaires ! Libération-Nord se créa autour de syndicalistes et de socialistes tels que C. Pineau ou Gaston Tessier, qui furent à l'origine d'un journal clandestin *Libération*, créé à la fin de 1940. Le mouvement resta implanté dans la zone nord. Quant à l'OCM, elle était née en décembre 1940 ; mouvement socialement composé de cadres, il s'implanta particulièrement dans les administrations qu'il put parfois noyauter (PTT, Ravitaillement...) et souvent à un haut niveau, il resta cantonné pour l'essentiel dans la zone nord.

En zone sud, les conditions de développement étaient bien différentes jusqu'en 1942. L'omniprésence du régime de Vichy et l'absence des Allemands entraînèrent deux conséquences pour les Résistants : d'une part, le mythe du double jeu de Pétain y était beaucoup plus fort qu'en zone nord, même s'il s'effritait peu à peu, d'autre part, la Résistance y était beaucoup plus politique, hostile à la **Révolution Nationale**, à l'idéologie qu'elle véhiculait. De ce fait, les premiers adversaires de la Résistance en zone sud étaient des Français ; son combat s'apparentait beaucoup plus à une guerre civile et était perçu comme subversif, révolutionnaire.

En zone sud comme en zone nord, les mouvements créés étaient très nombreux. Trois dominèrent qui ne s'étendirent qu'en zone sud : *Combat, Franc-Tireur* et *Libération. Combat,* dont l'un des fondateurs, le capitaine Henri Frenay avait compris dès le début, l'originalité de la Résistance et donna à son mouvement trois orientations : la propagande, le renseignement et le choc, c'est-à-dire les attentats et les sabotages. Certes, les autres mouvements arrivèrent au même type d'organisation mais sous la pression de la nécessité. *Libération* fut créé par E. d'Astier de la Vigerie, ancien officier de Marine et journaliste. Il voulait rassembler dans une même organisation les forces de gauche antifascistes. Enfin, *Franc-Tireur* était né d'un journal clandestin avant de développer lui aussi de multiples activités. Tous ces mouvements en zone sud eurent très vite leur point d'attache principal à Lyon, capitale clandestine de la Résistance.

Le grand nombre de mouvements, d'initiatives dans l'ensemble de la France ne doit pas faire oublier le caractère minoritaire de la Résistance et la force de la répression.

Une imprimerie clandestine (Photothèque du secrétariat aux Anciens combattants. « La Savoie dans la Résistance »)... Titres de journaux clandestins.

Comment lutter ?

La tactique la plus efficace fut celle de petits groupes de Francs-Tireurs, étroitement coordonnés entre eux. Le groupe se réunissait pour agir, brutal et bref, puis disparaissait. Le groupe restait en contact avec son milieu de travail, ses membres se maintenant dans la légalité dans la journée. Ainsi on forçait l'ennemi à diviser ses forces, on menaçait constamment ses moyens de transports, son matériel ; par-dessus tout, on visait à saper son moral en créant pour lui une constante insécurité... Ainsi se constituait peu à peu une force armée capable d'encadrer une levée en masse au moment opportun.

Charles Tillon, chef des F.T.P.F.

(Que faire ? N°4)

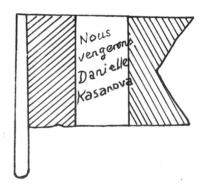

DANIELLE CASANOVA
NÉE LE 9 JANVIER 1909 A **AJACCIO**.
Arrêtée par la Police de PÉTAIN le 15 Février 1942 livrée à la GESTAPO et déportée en ALLEMAGNE le 24 Janvier 1943. ASSASSINÉE par les BOCHES au printemps de l'année 1943.

SA DERNIÈRE LETTRE 23 Janvier 1943

Demain 5 heures lever. 6 heures fouille puis départ -Allemagne. Nous sommes 231 femmes, des jeunes, des vieilles, des malades et même des infirmes. La tenue de toutes est magnifique et notre belle "Marseillaise" a déjà retenti plus d'une fois. Quel sort nous réservent-ils ?

Nous venons de lire le communiqué. Ils avouent Stalingrad, hier ils avouaient Vélikié, demain ils avoueront Rostov. La victoire est en vue...

Nous sommes fières d'être Françaises et Communistes. Nous ne baisserons jamais la tête. Nous ne vivrons que pour la lutte. Les temps que nous vivons sont grandioses. Je vous dis au revoir. J'embrasse tous ceux que j'aime. N'ayez jamais le cœur serré en pensant à moi. Je suis heureuse de n'avoir jamais failli et de sentir dans mes veines un sang impétueux et jeune... Notre belle France sera libre et notre idéal triomphera.... Dites à tous nos amis combien je pense à eux.

Danielle

QUE CHAQUE FRANÇAISE, QUE CHAQUE FRANÇAIS ACCUEILLE CE NOBLE ET ARDENT MESSAGE. POUR QUE LE SACRIFICE FÉCONDE D'AUTRES ACTIONS HÉROÏQUES."

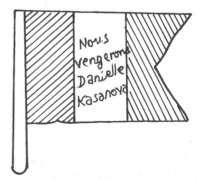

Lorsque survint l'armistice, le **PCF** était dissous en France depuis septembre 1939. Ses liens avec Moscou dans le cadre de la IIIe Internationale en firent un suspect lorsque fut signé le pacte de non-agression germano-soviétique, le 23 août 1939. De fait, la participation des communistes à la Résistance entre juin 1940 et juin 1941 (invasion de l'URSS par la Wehrmacht) a fait l'objet de nombreuses controverses. Que s'est-il passé ?

En juillet 1940, un appel dit du « 10 juillet » fut lancé par les dirigeants clandestins du PCF (J. Duclos et M. Thorez) appelant à lutter contre l'impérialisme, contre le régime de Vichy, mais on ne peut dire qu'il invitait à la lutte directe contre l'occupant. Or, dans le même temps, des responsables de fédérations régionales du PCF, comme Charles Tillon à Bordeaux, appelaient à la lutte contre Vichy et contre le nazisme par tous les moyens (propagande, sabotage ...). Ainsi, se firent jour deux attitudes différentes ; peu à peu, la direction nationale rejoignit les positions de lutte contre le régime de Vichy et contre l'occupant nazi à partir de l'automne 1940.

La Résistance communiste garda toujours son originalité par rapport aux autres mouvements ou réseaux, mais les organisations qu'elle créa n'étaient pas uniquement composées de communistes, loin de là. Deux types d'organisation naquirent : l'une orientée vers l'action directe, l'autre vers la logistique (propagande, hébergement, faux-papiers...). L'action directe fut d'abord le fait de l'organisation spéciale **(O.S.)*** dont l'objectif premier était de protéger les militants, mais fin 1940-début 1941, elle joua un rôle de sabotage (vols d'explosifs, sabotages contre des pylônes à haute tension, contre des voies ferrées, attentats contre des permanences de partis collaborateurs, contre des installations allemandes). C'est en août 1941 qu'un nouveau pas fut franchi avec le premier attentat individuel contre un Allemand, l'aspirant Moser à Paris et, peu après, l'attentat contre le lieutenant-colonel Holtz à Nantes, ce qui entraîna une répression sévère et l'exécution de 50 otages à Châteaubriant et à Nantes (dont un député communiste). Ce fut pendant la même période que **l'O.S.** fut remplacé par les **FTPF** (francs-tireurs et partisans français) afin d'élargir son action et de s'ouvrir à des non communistes. Les **FTPF*** dirigés par **Charles Tillon** réalisèrent des sabotages et des attentats qui ne cessèrent de se multiplier pendant toute l'occupation, harcelant sans cesse les nazis et les collaborateurs.

Enfin, en mai 1941, fut créé « **le Front National de lutte pour l'indépendance de la France** » par le PCF. Comme les autres mouvements, le **FN*** avait un rôle de propagande et publiait de nombreux journaux clandestins comme *France d'Abord...* ; certains étaient diffusés sur tout le territoire, d'autres fabriqués localement. Le FN fournissait aussi l'hébergement à des résistants clandestins poursuivis (cas de beaucoup de communistes pourchassés par le service de police anticommuniste), le ravitaillement, les faux-papiers.

Le FN et les FTPF furent les seules organisations de Résistance qui étaient présentes sur tout le territoire français dès 1942. Cette particularité était due bien sûr à leur origine puisqu'elles bénéficiaient toutes deux de l'infrastructure du PCF, du dynamisme de ses militants. Mais cela était dû aussi à une volonté politique du PCF qui cherchait à réunir dans une même organisation tous les résistants français, quelle que fût leur opinion politique ; cette volonté hégémonique provoqua de nombreuses discussions et de nombreux conflits chez les dirigeants des différents mouvements existant en France.

En haut : Charles Tillon définit la tactique des combattants F.T.P.F.

En bas : tract rappelant la mort de Danielle Casanova (Musée de la Résistance bretonne de Saint-Marcel). Papillons collés sur les poteaux, les murs et les portes, dans la nuit du 10 au 11 novembre 1943, à Rennes (A.D. Ille-et-Vilaine).

14

AVIS

Toute personne du sexe masculin qui aiderait, directement ou indirectement, les équipages d'avions ennemis descendus en parachute, ou ayant fait un atterrissage forcé, favoriserait leur fuite, les cacherait ou leur viendrait en aide de quelque façon que ce soit, sera fusillée sur le champ.

Les femmes qui se rendraient coupables du même délit seront envoyées dans des camps de concentration situés en Allemagne.

Les personnes qui s'empareront d'équipages contraints à atterrir, ou de parachutistes, ou qui auront contribué, par leur attitude, à leur capture, recevront une prime pouvant aller jusqu'à **10.000** francs. Dans certains cas particuliers, cette récompense sera encore augmentée.

Paris, le 22 Septembre 1941.

Le Militærbefehlshaber en France.

Signé : von **STÜLPNAGEL**

Général d'Infanterie.

EXTRAIT DE LA DERNIÈRE LETTRE DE LUCIEN LEGROS, ÉLÈVE DU LYCÉE BUFFON À PARIS

Mes parents chéris, mon frère chéri,

Je vais être fusillé à onze heures avec mes camarades. Nous allons mourir le sourire aux lèvres car c'est pour le plus bel idéal. J'ai le sentiment à cette heure d'avoir vécu une vie complète.

Vous m'avez fait une jeunesse dorée, je meurs pour la France, donc je ne regrette rien...

Jeudi j'ai reçu votre splendide colis : j'ai mangé comme un roi. Pendant ces quatre mois, j'ai longuement médité : mon examen de conscience est positif, je suis en tout point satisfait.

Bonjour à tous les parents et amis. Je vous serre une dernière fois sur mon cœur.

Lucien.

En bas : maquisards de Lantilly en Côte-d'Or avant leur exécution (Collection Raymond Bertrand « La Bourgogne dans la deuxième guerre mondiale »).

Si jusqu'en 1942 le nombre des résistants augmentait, presque parallèlement la répression s'accroissait. Celle-ci était le fait aussi bien de l'occupant que des autorités vichyssoises.

L'administration militaire allemande en France disposait de plusieurs moyens de coercition fondés sur la loi du vainqueur et sur le texte de l'armistice, en particulier sur l'article 10 de ce texte. Tout Allemand sous l'uniforme de la Wehrmacht pouvait arrêter un Français et dès lors ce dernier pouvait être traduit devant les **tribunaux militaires des Feldkommandantur,***(au moins une par département). Surtout, il existait des services spéciaux tel le **S.D.** (Sicherheitsdienst : service de sécurité), des troupes dont la tâche était spécifiquement une tâche de répression et qui étaient propres au nazisme telles les **S.S.** (Schutzstaffel ou service de protection). Ceux-ci, créés par le parti nazi dès 1925 avant l'arrivée d'Hitler au pouvoir, formaient l'élite du nouveau régime et ses troupes les plus sûres. Les S.S. ne firent officiellement leur apparition en France occupée qu'en 1942 avec la nomination du général SS Karl Oberg à la tête des services de police allemande en France. Cependant des antennes étaient arrivées à Paris dès juin 1940 et en violation de l'armistice en zone sud dès 1941. En même temps qu'eux était arrivée ce que les Français ont appelé la **Gestapo*** (Geheime Staatspolizei ou police secrète de l'État), en réalité, celle-ci n'opérait pas en France, mais un autre service appartenant comme elle au **RSHA*** (service central de sécurité du Reich) et spécialisé sur les pays étrangers. Quoiqu'il en soit, ces divers services et ces troupes renforçaient l'appareil policier allemand en France, quadrillant peu à peu tout le territoire.

Ces divers services n'auraient pu être efficaces s'ils n'avaient été aidés par la police et la gendarmerie françaises, dans le cadre de l'armistice (article 10), renforcé par l'accord signé par le général SS Oberg et par Bousquet, secrétaire général de la police française, représentant le gouvernement de Vichy, en 1942, qui favorisait la **collaboration** entre les services allemands et les services français. D'autre part, en zone nord, certains partis de collaboration ont joué un véritable rôle de police supplétive, tel le **PPF** (parti populaire français) de Doriot. En effet, les militants de ces partis considéraient les Résistants comme leur ennemi numéro 1 puisqu'ils ne voulaient pas du nouvel ordre dont rêvaient les militants du PPF. Enfin, les **dénonciations** ont été nombreuses et ont eu un effet désastreux, voire catastrophique ; elles étaient souvent dues à la jalousie, à un état d'esprit de vengeance.

De 1940 à 1942, la répression avait évolué dans sa forme. En 1940/41, les formes juridiques étaient respectées : les résistants étaient traduits devant les tribunaux militaires allemands, jugés, condamnés ; une certaine « publicité » était faite pour « l'exemple ». Mais cet exemple joua de plus en plus dans le sens inverse de celui souhaité par les Allemands. Aussi, à partir de 1942, les formes juridiques tendirent à disparaître : les Résistants arrêtés étaient torturés, envoyés en déportation en Allemagne.

A partir de 1943, la répression d'origine française se durcit. C'est ainsi que fut créée la **Milice française** composée de volontaires. Dirigée par Joseph Darnand, elle opéra d'abord en zone sud puis à partir du printemps 1944 également en zone nord. Sa présence et l'affrontement qui en découla entre miliciens français et résistants français révélèrent crûment le **caractère de guerre civile « franco-française » qui venait se greffer sur la guerre contre l'occupant. La Milice* fut particulièrement redoutable pour les maquis*, comme nous le verrons.**

Pages suivantes : file de résistants armés après un parachutage au col des Saisies, en Savoie, le 1er août 1944 (Collection Raymond Bertrand, « La Savoie dans la Résistance »). ▶

L'année 1942 a été un tournant dans l'évolution de la seconde guerre mondiale. Engagés depuis peu dans la guerre, l'URSS et les Etats-Unis y jouèrent un rôle essentiel. C'est l'URSS qui après le Royaume-Uni donna un coup d'arrêt décisif à la série de victoires allemandes avec l'aide de l'hiver russe, en stoppant l'avance des armées allemandes et en contre-attaquant. L'enlisement de la Wehrmacht* dans l'immensité de la plaine russe ne pouvait que rappeler aux Français ce qui arriva à la Grande Armée sous la conduite de Napoléon 1er face à la Russie tsariste et, en 1942, c'est avec délectation et espoir qu'ils se remémoraient la retraite de Russie de 1812.

Aussi, en juin 1942, le ton des autorités vichyssoises se durcit et Laval, président du Conseil, proclama dans un discours le 22 juin 1942 : « *Je souhaite la victoire de l'Allemagne parce que sans elle, le bolchevisme demain s'installerait partout* ». C'est bien une politique de collaboration qui était ainsi clairement réaffirmée et qui avait été concrétisée par la création un an plus tôt de la **LVF** (Légion des volontaires français contre le bolchevisme) qui combattait sous uniforme allemand sur le front de l'Est.

Enfin le **8 novembre 1942**, des troupes américaines et britanniques débarquèrent en Afrique du Nord française pour créer un second front et en même temps une base pour la conquête du continent européen, afin de prendre à revers la Wehrmacht.

Saisissant ce prétexte, les Allemands envahirent la zone sud le **11 novembre 1942** —date symbolique s'il en est. Dès lors l'ensemble du territoire français était occupé pour l'essentiel par les troupes allemandes et à l'extrémité sud-est par les troupes fascistes italiennes.

Cette succession d'événements militaires annonçait un renversement de la situation au profit des Alliés, ce qui renforça les résistants dans leur détermination et orienta l'opinion dans un sens qui leur était de plus en plus favorable, d'autant que s'aggravaient les conditions de la vie quotidienne. La Résistance voyait donc ses effectifs augmenter et cela malgré les arrestations.

Qui étaient les Résistants ? Il est difficile de faire un « portrait-robot » du Résistant car celui-ci n'était pas tout à fait le même entre la pleine période de l'occupation et celle de la Libération. Diverses études réalisées en zone nord et en zone sud permettent tout de même d'approcher la réalité. En général, le Résistant était un homme jeune de moins de trente ans, citadin, souvent ouvrier, commerçant ; toutefois ces caractéristiques pouvaient varier suivant les mouvements et les réseaux : certains, par exemple, recrutaient plus chez les cadres administratifs ou chez les cheminots, dans le milieu enseignant, etc. De même, les femmes étaient bien présentes comme agents de liaison, pour rechercher des hébergements, donner des renseignements.... Mais dans tous les cas, **les Résistants restèrent une minorité** et cela pendant toute l'occupation, même si avec le développement des maquis, la campagne fut peu à peu touchée par la Résistance, elle y entra plus tardivement car elle ne subissait pas aussi directement que les citadins la présence des Allemands.

Il n'empêche que, quelle que soit la croissance des effectifs et l'extension dans toutes les couches de la société, certains milieux sociaux répondirent mieux que d'autres à l'appel de la Résistance, ce qui s'explique à la fois par des engagements antérieurs (lutte antifasciste et antinazie des forces de gauche, nationalisme plus fort que l'anticommunisme...) et par des conditions de vie spécifiques (salaires bloqués, éventuellement le STO*-service du travail obligatoire).

La presse clandestine française
et la défaite allemande de Stalingrad

Finis les espoirs et les chants de triomphe.

Le glas sonne pour Stalingrad et le glas se prolonge : Koursk, Krasnodar, Rostov, KarKhov...Les succès vont aussi vite que les jours.Le destin tourne.Stalingrad, la plus nette, la plus lourde, la plus sanglante défaite hitlérienne depuis la guerre. Une défaite militaire telle que l'Allemagne n'en a jamais subi sur les champs de bataille en 1918 : 300 000 hommes exterminés, des prisonniers par milliers, des généraux tués ou captifs, des tonnes de matériel et d'armes prises par les Russes...

Le Franc-Tireur du 20/2/43

Lettre d'un soldat allemand sur le front de Stalingrad
(Décembre 1942)

(…) Cette terrible débâcle dure depuis onze jours. Aujourd'hui, j'ai la possibilité de griffonner ces quelques lignes, espérant que tu as pu recevoir mes autres lettres. Mais la vie était vraiment bien belle, aussi faut-il essayer de traverser ces jours avec calme.

Actuellement, nous sommes complètement refoulés à l'intérieur de la ville, cette ville maudite ! Puisse la fin être rapide !

Lettres de Stalingrad (Paris, Buchet - Chastel, 1957)

Extraits de l'appel du général Einsenhower aux Forces françaises
de l'Afrique du NOrd (Novembre 1942)

Français de l'Afrique du Nord, les forces que j'ai l'honneur de commander viennent chez vous en amis, pour faire la guerre contre vos ennemis. Il s'agit d'une opération militaire dirigée contre les forces italo-allemandes en Afrique du Nord. Notre seul but est d'écraser l'ennemi et de libérer la France. Je n'ai pas besoin de vous dire que nous n'avons aucun dessein ni sur l'Afrique du Nord, ni sur aucune partie de l'Empire français. Nous comptons sur votre amitié et nous vous demandons votre concours.

J'ai donné l'ordre formel de n'entreprendre aucune action offensive à votre égard, à condition que de votre côté vous observiez la même attitude...

(...) Nous vous convoquons, en camarades à la lutte commune contre les envahisseurs de la France. La guerre est entrée dans sa phase de Libération.

Nous avons déjà vu quelques activités de la Résistance. **De 1942 à 1944, l'action de la Résistance s'amplifia** et s'élargit, qu'il s'agisse de propagande, de fabrication de faux-papiers, de fourniture de renseignements, de sabotages, d'attentats, voire d'attaques contre des objectifs allemands de plus en plus importants.

La propagande se perfectionna : le tract malhabile du début est de plus en plus souvent un journal (2 à 4 pages) ; les journaux autorisés publiaient également sur 2 à 4 pages en raison du rationnement du papier. Les **journaux clandestins** avaient donc atteint une pagination équivalente et tiraient, pour les plus importants, à plusieurs milliers d'exemplaires avec une fréquence régulière, parfois hebdomadaire. Mais pour réussir à tirer ces journaux, il fallait réaliser de vrais prodiges : que ce fût pour acheter au marché noir le papier, pour le stocker, pour camoufler une véritable imprimerie clandestine, ensuite pour les transporter vers les régions où ils seraient diffusés, ce qui nécessitait la complicité des cheminots.

La fabrication des **faux-papiers** devint essentielle. Les Français avaient besoin d'une multitude de papiers pour vivre : cartes d'identité, cartes de ravitaillement, laissez-passer, etc. Tous impossibles à se procurer si l'on n'était pas en situation parfaitement régulière par rapport aux autorités françaises et allemandes. Or, nombreux étaient ceux qui n'étaient pas en règle : les résistants poursuivis, les juifs qui cherchaient à échapper aux arrestations et à la déportation vers les **chambres à gaz des camps d'extermination d'Auschwitz, Treblinka, Maidanek...** (76.000 juifs furent arrêtés en France pendant l'occupation, seulement 2500 revinrent), enfin depuis février 1943 les jeunes gens désireux d'échapper au STO (service du travail obligatoire qui les obligeait à aller travailler en Allemagne). Pour faire face à cette demande croissante, la fabrication de faux-papiers devint une activité très importante des divers mouvements de Résistance, qui fabriquaient de « vrais faux-papiers » avec l'aide des secrétaires de mairie (instituteurs), de commissaires de police. Fournir des papiers n'était pas suffisant, il était nécessaire de procurer un **hébergement** aussi sûr que possible ; les **réfractaires** au STO (qui ne sont pas tous, loin de là, de futurs résistants) furent hébergés dans les campagnes où ils aidaient aux travaux des champs.

La **demande de renseignements** de la part des Alliés augmentait sans cesse au fur et à mesure que l'on approchait de la période du débarquement. Les Alliés avaient besoin de connaître non seulement l'emplacement des troupes allemandes, mais leurs mouvements : s'agissait-il de troupes composées de réservistes âgés, signe d'un essoufflement de l'Allemagne face à ses pertes très élevées sur le front russe ? Quel était leur armement ? Il était nécessaire de savoir avec précision l'importance de la défense anti-aérienne, l'état d'avancement de la construction du Mur de l'Atlantique, l'armement prévu, etc.

Enfin, **attentats et sabotages** se multipliaient et frappaient de plus en plus fort. Non seulement les voies ferrées étaient toujours visées, arrêtant et perturbant de plus en plus la circulation ferroviaire, mais en outre, les FTPF en particulier, détruisaient des garages allemands, des stocks de matériel dans les usines, parfois tentaient des attaques de prison pour sauver leurs camarades emprisonnés.

Désormais, chaque jour, c'étaient plusieurs attentats ou sabotages qui étaient recensés par les Allemands dans toute la France.

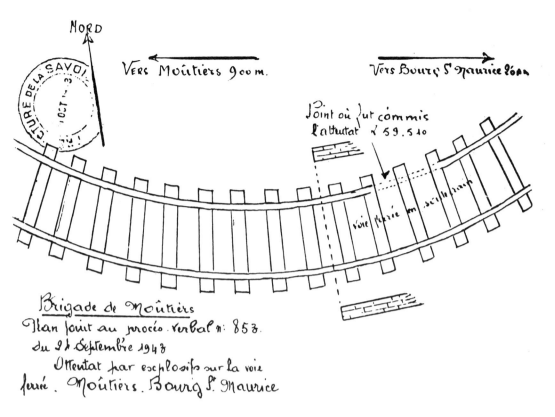

En haut : plan de sabotage d'une voie ferrée établi par la gendarmerie en Tarentaise.

En bas : un sabotage en Haute-Savoie (Collection Charles Rickard : « La Savoie dans la Résistance »).

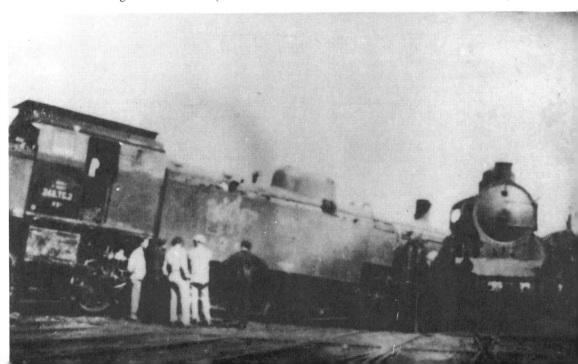

La diversité de la Résistance, ses divisions étaient un handicap pour une action réellement efficace sur tout le territoire et pour préparer la Libération avec la prise du pouvoir. En même temps, le général de Gaulle avait besoin d'être réellement et officiellement reconnu par l'ensemble de la Résistance intérieure pour mieux s'imposer vis-à-vis des Alliés. **Une reconnaissance mutuelle et l'unification était donc dans l'intérêt des uns et des autres.**

Dans cette perspective d'unification et de coordination, les premiers contacts eurent lieu à partir de 1941. Toutefois, ce fut Jean Moulin qui avait gagné Londres en septembre 1941 qui reçut pour mission de coordonner les efforts des divers mouvements de Résistance à la fois dans les domaines politique et militaire. Parachuté en France en janvier 1942, délégué du général de Gaulle, comme tel, il disposait de fonds à distribuer entre les mouvements pour leurs activités. Moulin organisa ainsi une Délégation générale du général de Gaulle auprès des mouvements de Résistance. Cette Délégation avait pour but d'assurer les liaisons entre la communauté nationale de Londres et la Résistance intérieure (coordination de l'action et fourniture de matériel). Elle avait aussi pour tâche de préparer l'après-guerre : nominations de commissaires de la République, de préfets...

Jean Moulin, d'autre part, s'efforça en zone sud de réaliser concrètement l'unification de la Résistance en poussant à la fusion des trois grands mouvements *(Franc-Tireur, Combat, Libération)*, ce qui aboutit à la création des **MUR*** (mouvements unis de Résistance) en mars 1943. Il fut décidé de mettre en place un comité directeur de trois membres (un dirigeant de chaque mouvement), de réaliser une fusion totale dans chaque département et de fusionner leurs éléments paramilitaires en une **Armée secrète (A.S.)***. La réalisation des MUR donna une structure solide à la Résistance de la zone sud. Elle permit aussi de mettre fin à l'éparpillement, au gaspillage des forces ; cela n'empêcha certes pas des conflits intérieurs dus aux difficultés à déterminer les attributions de chacun. Ceci ne put se réaliser en zone nord ; certes, une mission fut envoyée pour effectuer la même opération mais elle échoua ; à défaut, elle permit une meilleure coordination sur le plan civil et sur le plan militaire. Dans les deux zones, le **FN** refusa de participer à ces transformations.

Dans ce contexte, il fut envisagé la création d'un Conseil National de la Résistance **(CNR)***. Ce CNR devait permettre d'affirmer aux Alliés le soutien que de Gaulle recevait de la Résistance intérieure. Il s'agissait aussi de mettre fin à la méfiance des Alliés envers ces inconnus qu'étaient les Résistants ; le CNR était conçu comme un organisme réunissant à la fois des hommes politiques et des Résistants.

Malgré de nombreuses difficultés, la première réunion plénière du CNR se tint le 27 mai 1943 à Lyon et comprenait des représentants clandestins des syndicats, des partis politiques et divers mouvements de Résistance (y compris cette fois le FN). Le président du CNR était **Jean Moulin**, désigné par le général de Gaulle. Il fut arrêté le 21 juin 1943 à Caluire dans la banlieue de Lyon, son successeur à la tête du CNR fut **Georges Bidault**. Le CNR ne se réunit plus jamais en session plénière en raison du danger. Le CNR élabora un programme d'action rendu public en mars 1944 ; il comprenait deux parties : une portant sur l'action immédiate, c'est-à-dire préparant l'insurrection pour la période de la Libération, et une partie portant sur l'immédiat après-guerre et sur la nouvelle organisation des pouvoirs après la Libération.

En haut : extraits du programme du Conseil national de la Résistance, un texte fondamental préparant l'après-guerre (16 mars 1944).

En bas : organigramme de la Résistance, au moment de la mort de Jean Moulin.

- Unis quant aux buts à atteindre, unis quant aux moyens à mettre en œuvre pour atteindre ce but qui est la libération rapide du territoire, les représentants des mouvements, groupements, partis ou tendances politiques groupés au sein du C.N.R. proclament qu'ils sont décidés à rester unis après la Libération :

1° Afin d'établir le gouvernement provisoire de la République formé par le général de Gaulle pour défendre l'indé
° pendance politique et économique de la nation, rétablir la France dans sa puissance, dans sa grandeur et dans sa mission universelle ;

2° Afin de veiller au châtiment des traîtres...

3° Afin d'exiger les confiscations des biens des traîtres et des trafiquants du marché noir...

4° Afin d'assurer :
   - l'établissement de la démocratie la plus large, rendant la parole au peuple français par le rétablissement du suffrage universel.
   - la pleine liberté de pensée, de conscience et d'instruction.
   - la liberté de la presse, son honneur et son indépendance à l'égard de l'État, des puissances d'argent et des influences étrangères...

5° Afin de promouvoir les réformes indispensables :
   a) sur le plan économique :
   - l'instauration d'une véritable démocratie économique et sociale impliquant l'éviction des grandes féodalités économiques et financières de la direction de l'économie.
   - une organisation rationnelle de l'économie assurant la subordination des intérêts particuliers à l'intérêt général.
   - l'intensification de la production nationale selon les lignes d'un plan arrêté par l'État après consultation des représentants de tous les éléments de cette production...
   - le droit d'accès, dans le cadre de l'entreprise aux fonctions de direction et d'administration à la participation des travailleurs à la direction de l'économie ;

   b) sur le plan social :
   - la garantie du pouvoir d'achat national par une politique tendant à la stabilisation de la monnaie.
   la reconstitution, dans ses libertés traditionnelles d'un syndicalisme doté de larges pouvoirs dans l'organisation de la vie économique et sociale.
   - un plan complet de sécurité sociale, visant à assurer à tous les citoyens des moyens d'existence dans tous les cas où ils sont incapables de se les procurer par le travail, avec gestion appartenant aux représentants des intéressés et de l'État.
   - la sécurité de l'emploi, la réglementation des conditions d'embauchage et de licenciement, le rétablissement des délégués d'atelier.
   - l'élévation et la sécurité du niveau de vie des travailleurs de la terre par une politique de prix agricoles rémunérateurs...
   - une extension des droits politiques, sociaux et économiques des populations indigènes et coloniales.
   - la possibilité effective, pour les enfants français, de bénéficier de l'instruction et d'accéder à la culture la plus développée, quelle que soit la situation et la fortune de leurs parents...

En avant, donc, dans l'union de tous les Français rassemblés autour du C.F.L.N. et de son président le général de Gaulle. En avant pour le combat, en avant pour la victoire, afin que vive la France !

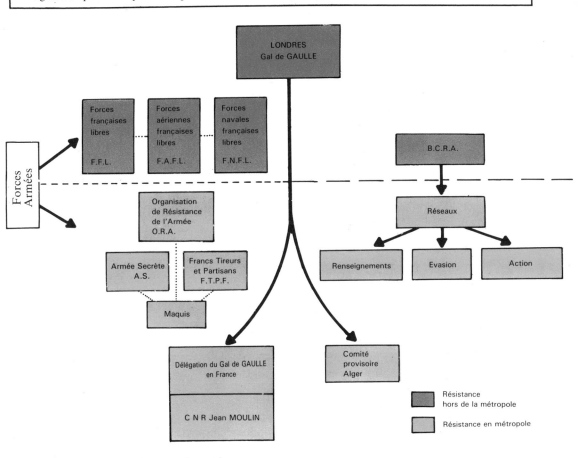

Par rapport à l'action armée coexistaient deux écoles au sein de la Résistance : **les partisans de l'action immédiate** (FN et FTPF) et les « **attentistes** ». Les premiers pratiquaient un harcèlement constant des troupes allemandes en France afin de susciter parmi elles la crainte et l'inquiétude, qu'elles ne se sentissent plus « comme Dieu en France » ; les seconds considéraient qu'il valait mieux ne pas augmenter les risques de représailles et attendre de disposer d'un meilleur armement avant de se lancer dans l'action armée ; c'était le point de vue du général de Gaulle.

Toutefois, à partir de 1943, l'action armée se préparait intensivement chez les « attentistes ». Les **parachutages d'armes** se multipliaient à destination des maquis déjà constitués dans les Alpes, le Massif Central, à destination aussi des réseaux d'action mis en place par les services britanniques tel le **SOE** (Special Operation Executive), vers l'AS et plus rarement vers les FTPF. Dans l'esprit des « attentistes », il s'agissait de profiter de la période les séparant du débarquement pour donner une instruction militaire aux Résistants qui souvent étaient effectivement totalement novices dans le maniement des armes.

Les parachutages d'armes étaient évidemment essentiels pour la lutte armée (sabotages, attentats de plus en plus audacieux, attaques d'objectifs militaires). Ils firent l'objet de polémiques à l'intérieur de la Résistance, les FTPF s'estimant défavorisés par rapport à l'AS en matière de répartition d'armement. Même s'il y eut sans doute une part d'exagération dans ces récriminations, il est réel que l'AS reçut plus d'armes que les FTPF sans qu'elle eût pour autant plus d'hommes ; cette différence de traitement n'était pas exempte d'arrière-pensées politiques.

Mais pour préparer le débarquement, il fut également décidé une unification des divers éléments paramilitaires constituant la Résistance, c'est-à-dire principalement l'AS, les FTPF et divers groupes épars surtout en zone nord. **Cette fusion fut officiellement réalisée le 1er février 1944 sous le nom de FFI** (Forces françaises de l'intérieur) ; le commandement en était confié au général Kœnig. Ces FFI devaient être le bras armé de la Résistance, et l'auxiliaire indispensable pour la Libération de la France. Dans la pratique, la fusion ne fut jamais totalement réalisée, les FTPF gardant souvent leur indépendance ; la situation sur le terrain fut très variable en fonction des conditions locales (armes disponibles, arrestations, ententes des dirigeants locaux, méthodes d'action, etc.).

C'est aux FFI que fut confiée la préparation immédiate du débarquement. Les Alliés avaient prévu plusieurs plans de sabotages, à réaliser pour **le jour J** et à maintenir les jours suivants, sabotages qui devaient désorganiser la riposte ennemie. Trois plans principaux avaient été conçus : **le plan Vert** visant à paralyser le transport ferroviaire en France pendant une quinzaine de jours, temps considéré comme nécessaire pour permettre la consolidation de la tête de pont en France, même chose pour les routes et les voies navigables ; **le plan Bleu** devait permettre le sabotage du réseau électrique et **le plan Tortue** devait par des actions de guerilla retarder l'arrivée de troupes allemandes contre les Alliés.

Pour réaliser cela, les FFI disposaient de moyens insuffisants mais, malgré tout, leur action fut un apport important, comme le reconnut le général en chef américain **Dwight Eisenhower**. Ils permirent aux Alliés de continuer leur route sans parfaire le « nettoyage » de leurs arrières, les FFI s'en chargeant, de même que bien souvent par les renseignements fournis ils ouvrirent la route aux Alliés.

Un parachutage d'armes au col des Saisies, le 1er août 1944 (Collection Raymond Bertrand, « La Savoie dans la Résistance »).

Les **maquis** rassemblèrent soit des résistants qui entendaient mener une action de lutte armée, soit des jeunes gens réfractaires au STO qui y trouvèrent refuge sans souhaiter pour autant prendre les armes.

Ces maquis commencèrent à se constituer en 1942. En zone sud, l'unification des mouvements permit la création d'un Service national Maquis commun aux MUR ; les difficultés de coordination en zone nord rendirent la mise en place d'un service analogue plus difficile et plus tardive.

Il existait deux conceptions des maquis dues à la fois à la géographie et à des considérations tactiques et politiques. Les uns (FTPF) prônaient l'existence de petits maquis pouvant facilement soit se regrouper pour mener une action précise (attaque de convoi, de bâtiments tenus par des Allemands...), soit se disperser rapidement en cas de danger. Cette conception était idéale dans une zone assez découverte tel que le bocage et pour une action de harcèlement permanente. Ces **petits maquis** se développèrent principalement en zone nord pour des raisons topographiques, notamment en Bretagne. L'autre conception était plutôt le fait de l'AS et des FFI. Plus ambitieuse par certains aspects, elle impliquait des maquis plus importants en effectifs, ces « **maquis mobilisateurs** » pouvant rassembler plusieurs centaines d'hommes ayant une discipline, un entraînement militaire classique ; malheureusement, ils pâtirent d'un armement insuffisant face aux forces qui leur étaient opposées. Ce type de maquis se rencontra surtout en zone mieux pourvue en montagnes, capables de camoufler plus aisément un important effectif clandestin.

Pour tous, quels qu'ils soient, se posaient des problèmes de ravitaillement, d'armement. Le nombre de maquisards ne cessa de croître sans que l'on pût toujours savoir s'il s'agissait de réfractaires qui se cachaient ou de Résistants venus pour se battre.

Ce fut à **partir de juillet 1943 que commencèrent les attaques contre les maquis, d'où la nécessité pour eux d'être bien renseignés ;** la complicité de la population civile leur était indispensable et plus particulièrement celle des Résistants locaux.

Souvent les maquis étaient obligés de refuser le combat avec les Allemands faute d'armes et de moyens techniques suffisants. Toutefois, lorsque les maquis étaient découverts, les plus vulnérables étaient ceux ayant les plus gros effectifs ; les combats étaient très durs face aux Allemands et aux forces du régime de Vichy. Ce fut le cas au **plateau des Glières** en février 1944, attaqué par les gendarmes, les gardes mobiles, les miliciens, les Waffen-SS et la Wehrmacht ; la résistance des maquisards dura quatorze jours, il y eut peu de survivants. Dans le **Vercors**, ce sont plusieurs milliers de maquisards qui furent pris au piège en juillet 1944, de même en juin 1944 au **mont Mouchet** dans le Massif Central et en Bretagne à **Saint-Marcel**. Malgré des pertes élevées et des représailles sur les populations civiles, ces combats retinrent d'importantes troupes allemandes et provoquèrent d'importantes pertes (un millier d'hommes dans chaque cas). De plus, l'existence des maquis avait sur les troupes allemandes un effet psychologique certain en entretenant chez eux un état d'esprit d'inquiétude. Il est incontestable que les maquis jouèrent un rôle important dans la démoralisation de la Wehrmacht tandis que certains de leurs coups d'éclat, connus souvent par le bouche à oreille, avaient un grand retentissement sur l'opinion française, entretenant l'espoir d'une libération prochaine.

le salut au drapeau à croix de Lorraine au maquis des Glières (Document : Association des rescapés des Glières).

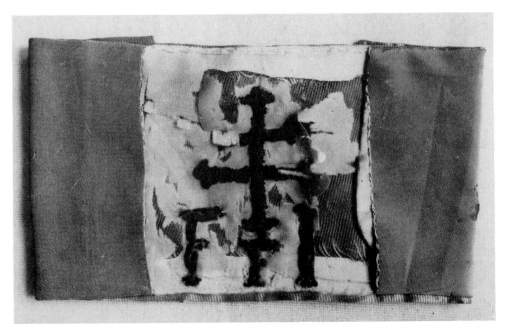

Un brassard F.F.I.

Si le débarquement en Normandie du 6 juin 1944 donna le signal de la **Libération** dans toute la France, une région s'était déjà libérée seule dès 1943. En effet, la **Corse** était occupée par les Italiens, et la chute de Mussolini en juillet 1943 entraîna la signature d'un armistice entre le nouveau gouvernement italien et les Alliés en septembre 1943. La défection italienne conduisit les Allemands à vouloir occuper à leur tour l'île ; c'est pourquoi en septembre 1943 l'ensemble de la Résistance corse passa à l'insurrection contre les occupants ; cette insurrection avait été préparée par la mission Scamaroni et le FN. Elle fut menée à la fois par les Résistants corses et des troupes FFL*. Le 4 octobre 1943 avec l'évacuation de Bastia, toute la Corse était libérée.

Mais pour l'ensemble du territoire métropolitain, il faut attendre le débarquement du **6 juin 1944**. Les plans de sabotage se réalisèrent un peu partout. En revanche, l'action de guerilla fut très inégale en fonction des conditions locales ; dans l'intérieur, elle fut prématurée par rapport à la situation militaire générale. En Normandie, le fort taux d'occupation par les Allemands limita les actions possibles de même que la configuration topographique.

En Bretagne, les Résistants regroupés ou non dans des groupes FFI* multipliaient les actes de sabotage, les attaques de convoi et réussissaient à interrompre pratiquement toute circulation sur les voies ferrées et sur les routes bretonnes. Les petits maquis éparpillés ne cessaient de harceler l'ennemi. Le seul gros maquis fut celui de **Saint-Marcel** près de Malestroit, dans le Morbihan, qui comprenait des FFI et des troupes aéroportées parachutées dans la nuit du 5 au 6 juin ; attaqués, 200 FFI y furent tués le 18 juin 1944. Malgré des revers et des pertes assez élevées, les FFI bretons permirent aux Alliés, après la percée d'Avranches le 31 juillet, d'avancer rapidement et de libérer très vite la péninsule entre le 1er août et le 15 août ; toutefois, les Allemands se retranchèrent dans certains ports, formant des **poches de résistance à Lorient et Saint-Nazaire** qui ne rendirent les armes que lors de la capitulation de l'armée allemande le 8 mai 1945.

L'avance des armées alliées (Américains, Britanniques, Canadiens, Français...) dans la zone nord fut constamment facilitée par l'action des FFI ; il en était de même en zone sud, depuis le débarquement en Provence le 15 août de troupes commandées par le général **de Lattre de Tassigny**.

Ce fut l'insurrection des FFI dans **Paris** occupé à la mi-août qui contraignit l'état-major allié à autoriser la **2e DB du général Leclerc** à marcher sur la capitale et favoriser sa libération le 25 août. Cette alliance de la Résistance intérieure et extérieure était haute-ment symbolique pour la Libération de la capitale française ; désormais le régime de Vichy était balayé et remplacé par le **GPRF** (gouvernement provisoire de la République française), constitué le 3 juin 1944 sous la présidence du général de Gaulle et comprenant des résistants de l'intérieur et des représentants de tous les partis politiques, y compris, pour la première fois en France, des ministres communistes.

Peu à peu tout le pays était libéré, soit par l'action des seuls FFI comme dans le sud-ouest, soit par l'action conjuguée des armées alliées et des FFI. A la fin de décembre 1944, l'Alsace était libérée après cinq ans directement sous le régime nazi puisque considérée comme terre allemande. A cette date, seuls quelques ports étaient encore occupés comme **Royan, La Rochelle, Lorient** et **Saint-Nazaire**. Le **8 mai 1945**, la capitula-tion allemande permit leur libération.

Une barricade, rue de la Huchette, le 23 août 1944, à Paris (Bibliothèque de Documentation internationale contemporaine).

La Résistance intérieure terminait la guerre en triomphatrice ; beaucoup des siens occupaient des postes de responsabilité. Mais, lorsque le pays fut libéré, plus nombreux encore étaient ceux qui étaient morts : fusillés, sous les tortures, en déportation. **Le tribut payé par la Résistance est lourd.** Cette répression a frappé indistinctement toute la Résistance, mais elle a touché aussi les populations civiles lorsque par **représailles**, après des sabotages ou des attaques contre des convois, les **Allemands ou les miliciens exécutèrent** des otages, pillèrent et **ravagèrent des villages.**

On a déjà évoqué les 50 otages de Châteaubriant et de Nantes en octobre 1941. Plus tard, lors des combats de la Libération, les villages proches des maquis furent souvent l'objet d'incendies, de massacres comme à Saint-Marcel. D'autres sur le trajet de divisions SS se trouvèrent à la merci d'incidents. Parmi ces villages on peut citer : Ascq dans le Nord, **Oradour-sur-Glane** (Haute-Vienne), Tulle.

A Ascq, rendus furieux par un sabotage immobilisant le convoi de la division SS Adolf-Hitler dans la nuit du 1er au 2 avril 1944, les **SS** massacrèrent 86 habitants de cette petite commune.

A Oradour, le 10 juin 1944, un détachement de SS appartenant à la division « das Reich » remontant vers le front, exécutèrent les hommes du village, puis rassemblèrent les femmes et les enfants dans l'église et l'incendièrent : 642 victimes.

A Tulle, les FTPF réussirent à occuper la ville le 8, mais le 9, un détachement de la division « das Reich », toujours elle, reprit la ville : 99 pendus, 149 déportés.

On pourrait allonger la liste de ces représailles qui peuvent expliquer que certains FFI à leur tour aient pratiqué des représailles à l'encontre de collaborateurs et de miliciens.

Essayer de faire un bilan des morts de la Résistance est aléatoire. On sait que sur les **600.000 victimes** que fit la seconde guerre mondiale en France, il y eut :
— **20 000 FFI**,
— **60 000 déportés politiques**,
— **30 000 fusillés**,
soit environ 1/6 des victimes étaient sans doute des Résistants. Sans doute, parce que chaque catégorie ci-dessus désignée comporte à la fois des Résistants(au sens de ayant participé à la lutte contre l'occupant avant la Libération), des otages (parmi les fusillés et les déportés), des combattants militaires (parmi les FFI, certains se sont engagés après la Libération).

Malgré son approximation, ce chiffre montre l'ampleur des pertes si l'on se rappelle que la Résistance est restée un phénomène minoritaire tout au long de l'occupation.

En haut : le sergent Moser-Raison, maquisard d'Albiez-Le Vieux en Savoie, à son retour de déportation. Le sergent Moser-Raison ne survivra pas à son calvaire.

En bas : poème de Jean Tardieu
(Documents dans « La Savoie dans la Résistance » de Charles Rickard. Collection de l'auteur).

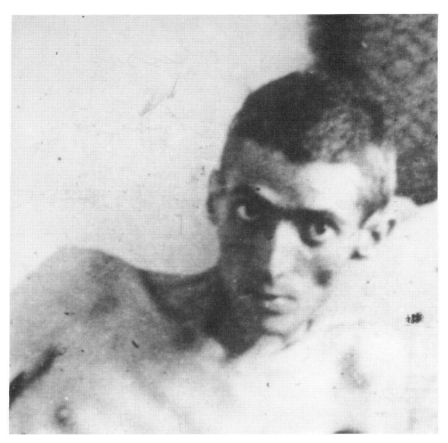

ORADOUR

Oradour n'a plus de femmes
Oradour n'a plus un homme
Oradour n'a plus de feuilles
Oradour n'a plus de pierres
Oradour n'a plus d'église
Oradour n'a plus d'enfants

Plus de fumée plus de rires
Plus de toits plus de greniers
Plus de meules plus d'amour
Plus de vin plus de chansons.

Oradour, j'ai peur d'entendre
Oradour, je n'ose pas
Approcher de tes blessures
De ton sang de tes ruines,
je ne peux je ne peux pas
Voir ni entendre ton nom.

Oradour je crie et hurle
Chaque fois qu'un cœur éclate
Sous les coups des assassins
Une tête épouvantée
Deux yeux larges deux yeux rouges
Deux yeux graves deux yeux grands
Comme la nuit la folie
Deux yeux de petit enfants :
Ils ne me quitteront pas.

Oradour je n'ose plus
Lire ou prononcer ton nom.

Oradour honte des hommes
Oradour honte éternelle
Nos cœurs ne s'apaiseront
Que par la pire vengeance
Haine et honte pour toujours.

Oradour n'a plus de forme
Oradour, femmes ni hommes
Oradour n'a plus d'enfants
Oradour n'a plus de feuilles
Oradour n'a plus d'église
Plus de fumées plus de filles
Plus de soirs ni de matins
Plus de pleurs ni de chansons.

Oradour n'est plus qu'un cri
Et c'est bien la pire offense
Au village qui vivait
Et c'est bien la pire honte
Que de n'être plus qu'un cri,
Nom de la haine des hommes
Nom de la honte des hommes
Le nom de notre vengeance
Qu'à travers toutes nos terres
On écoute en frissonnant,
Une bouche sans personne,
Qui hurle pour tous les temps.

GLOSSAIRE

AS : Armée secrète, créée en 1943 rassemble des groupes armés clandestins.

BBC : British Broadcasting Corporation, radio nationale britannique.

BCRA : Bureau central de renseignement et d'action, organisme de coordination des renseignements recueillis sur la France, dépendant du général de Gaulle et situé à Londres.

CND : Confrérie Notre-Dame, nom d'un important réseau de renseignements.

CNR : Conseil national de la Résistance créé en mai 1943, rassemble tous les partis, les syndicats et l'ensemble des mouvements de Résistance, tous clandestins.

Feldkommandantur : administration militaire allemande dont le siège est dans les préfectures.

FFI : Forces françaises de l'intérieur, rassemble à partir du 1er février 1944 tous les groupes armés de la Résistance clandestine.

FFL : Forces françaises libres créées en juillet 1940, participèrent aux combats des armées régulières.

FN : Front National de lutte pour l'indépendance de la France, mouvement de résistance créé par le PCF.

FTPF : Francs-tireurs et partisans français, groupe armé du FN.

Gestapo : Geheime Staatspolizei : police secrète d'Etat.

IS : Intelligence Service, service secret britannique.

Luftwaffe : aviation de l'armée allemande.

Maquis : regroupement de résistants armés généralement dans les campagnes.

Milice : groupement armé français créé par le régime de Vichy, chargé de la lutte contre les résistants.

MUR : Mouvements unis de la Résistance, regroupent les mouvements de la zone sud.

OCM : organisation civile et militaire, mouvement de Résistance.

OS : organisation spéciale de combat, groupe armé de la Résistance communiste ayant précédé les FTPF.

PPF : Parti populaire français, parti de collaboration.

Radiogoniométrie : système de repérage des postes émetteurs clandestins grâce à des appareils permettant de mesurer la direction d'un signal radio-électrique.

RSHA : Reichssicherheitsdienst : service central de sécurité du Reich.

SD : Sicherheitsdienst, service secret de l'armée allemande.

SOE : Special Operation Executive, service britannique coordonnant les réseaux de renseignements britanniques en Europe occupée.

SS : Schutzstaffel, troupe d'élite du régime nazi jouant un important rôle de répression.

STO : Service du travail obligatoire créé en février 1943 par le régime de Vichy pour envoyer des travailleurs en Allemagne.

Waffen-SS : unités d'étrangers rattachés aux SS.

Wehrmacht : armée allemande.

Jacqueline Sainclivier enseigne l'histoire contemporaine à l'Université de Rennes II, Haute-Bretagne. Elle participe aux travaux de l'Institut d'Histoire du temps présent (CNRS) et collabore à la rédaction d'une Histoire de la Bretagne contemporaine dans la collection Ouest-France Université.

Première de couverture : les Résistants, des soldats sans uniformes.(« La Savoie dans la Résistance », Charles Rickard, Editions Ouest-France).

Quatrième de couverture : portrait de Jean Moulin (Photothèque du secrétariat aux Anciens combattants).

© 1988 - OUEST-FRANCE - I.S.B.N. 2.7373.0084.3 - Dépôt légal février 1988 - 1417.01.09.02.88
Imprimerie Raynard, La Guerche-de-Bretagne